ALCINDO GUANABARA

CB120580

SÉRIE ESSENCIAL
ACADEMIA BRASILEIRA DE LETRAS
Diretoria de 2013
Presidente: *Ana Maria Machado*
Secretário-Geral: *Geraldo Holanda Cavalcanti*
Primeiro-Secretário: *Domício Proença Filho*
Segundo-Secretário: *Marco Lucchesi*
Tesoureiro: *Evanildo Cavalcante Bechara*

COMISSÃO DE PUBLICAÇÕES
Alfredo Bosi
Antonio Carlos Secchin
Ivan Junqueira

Série Essencial | Concepção e coordenação
Antonio Carlos Secchin

Produção editorial
Monique Mendes
Revisão
Gilberto Araújo
Projeto gráfico
Estúdio Castellani | Imprensa Oficial do Estado de São Paulo
Caricaturas
J. Bosco

Catalogação na fonte:
Biblioteca da Imprensa Oficial do Estado de São Paulo

M149 Machado, Ubiratan, 1941-.
Alcindo Guanabara, cadeira 19, ocupante 1 (Fundador) / Ubiratan Machado – Rio de Janeiro : Academia Brasileira de Letras ; São Paulo : Imprensa Oficial do Estado de São Paulo, 2013.
68 p. ; il.; 19 cm. – (Essencial; 65)

ISBN 978-85-401-0102-9

1. Guanabara, Alcindo, 1865-1918. I.Título. II. Série.

CDD B869.92

Esta edição adota o novo *Acordo Ortográfico da Língua Portuguesa*.

065

SÉRIE ESSENCIAL

ALCINDO GUANABARA

CADEIRA 19 / OCUPANTE 1 (FUNDADOR)

Ubiratan Machado

AD IMMOR TALITA TEM

ACADEMIA BRASILEIRA DE LETRAS

imprensaoficial
GOVERNO DO ESTADO DE SÃO PAULO

Alcindo Guanabara

Ubiratan Machado

Alcindo Guanabara foi uma síntese brilhante do Jornalismo brasileiro nos últimos anos do Império e início turbulento da República, até a eclosão da I Guerra Mundial. Com a pena na mão, agressivo ou na defensiva, participou como testemunha e personagem da fase de mais profunda transformação social até então vivida pelo Brasil. Contraditório, como a época e os hábitos do Jornalismo de então, algumas vezes abdicou de opinião própria, para servir ao pensamento e a interesses alheios, ainda que pouco éticos.

Essa volubilidade (para se empregar um termo suave) acabou sendo lembrada pela posteridade, de forma um tanto cruel, como a principal característica de sua personalidade, sintetizada na anedota divulgada por Carlos de Laet.[1] Convidado por José Carlos Rodrigues, Redator-Chefe do *Jornal do Commercio*, a redigir um artigo sobre Jesus Cristo, Alcindo indagou, provavelmente em tom de blague, se seria contra ou a favor.

Contra ou a favor, Alcindo Guanabara foi o jornalista por excelência, considerado pelos contemporâneos como "talvez o maior de todos os que jamais tenhamos tido",[2] "o mais completo, o mais brilhante e o mais popular"[3] do Rio de Janeiro de então. Apaixonado por política, atento aos problemas sociais, escrevia em linguagem moderna, mas com a elegância de um clássico. Tinha o gosto pela polêmica, debatia com a precisão de um mestre espadachim e se bateu com os maiores jornalistas da época (José do Patrocínio, Ferreira de Araújo, Carlos de Laet, Rui Barbosa), mas abominava o insulto. Quando

---

[1] LAET, Carlos de. "Resposta do Sr. Carlos de Laet" ao discurso de posse de D. Silvério Gomes Pimenta na Academia Brasileira de Letras. Sessão solene de 20 de maio de 1920. *In*: *Discursos Acadêmicos*. Tomo II. 1920-1935. Rio de Janeiro: Academia Brasileira de Letras, 2006, p. 66.

[2] ALBUQUERQUE, Medeiros e. *Minha Vida*. 2.° volume, 2.ª edição. Rio de Janeiro: Calvino Filho, 1934, p. 159.

[3] BILAC, Olavo. "Jornais sem Leitores". *Correio Paulistano*, 14 de dezembro de 1907. *In*: DIMAS, Antonio. *Bilac, o Jornalista*. São Paulo: Edusp, Imprensa Oficial do Estado de São Paulo, Editora Unicamp, 2006, volume 2, p. 113.

preciso, com a perícia de um cirurgião, sabia atingir o nervo do adversário, sem aviltar a linguagem. Resoluto e resistente, era capaz de fazer um jornal inteiro sozinho, utilizando pseudônimos diversos. Redigia com rapidez e péssima caligrafia. Quem sofria eram os tipógrafos. Vira e mexe, procuravam-no para decifrar os garranchos. Ele também não entendia. Sugeria, então, que empregassem alguma palavra coerente com o texto. Utilizava, também, um método mais prático e rápido. Em *A Imprensa*, quando o fechamento atrasava, "chamava três redatores, dispunha-os em outras tantas mesas e passeando, de um lado para outro, cofiando no queixo a barba rala, ditava simultaneamente um tópico, um comentário político e a crônica elegante, leve, sutil e literária que antecede as notícias dos acontecimentos sociais".[4]

Foi essa facilidade de redigir, associada à capacidade de jamais perder as estribeiras (José do Patrocínio chamou-o de "animal de sangue frio") e à imensa capacidade de trabalho e de mimetismo intelectual, que lhe abriu as portas do Jornalismo. Nascido em Guapimirim, então distrito de Magé, na província do Rio de Janeiro, em 19 de julho de 1865, filho dos professores Manoel José da Silva Guanabara e Júlia da Silva de Almeida Guanabara, completou a educação primária em casa.

---

[4] HORA, Mário. *Alcindo Guanabara.* Rio de Janeiro, 1943, p. 13.

A vocação pela imprensa nasceu cedo. Durante os estudos preparatórios, realizados no Colégio Paixão, em Petrópolis, já colaborava no jornal *Avante*. Fixando-se no Rio de Janeiro, concluiu o curso secundário no Externato Pedro II e em seguida ingressou na Faculdade de Medicina do Rio de Janeiro, que abandonou no segundo ano. Foram tempos difíceis, de dinheiro escasso. Para sobreviver, exerceu atividades humildes, como a de porteiro do Jóquei Clube e de inspetor do Asilo de Menores Desvalidos.

1886 foi um ano decisivo na vida de Alcindo. Cursando o segundo ano de Medicina, fundou seu primeiro jornal, *A Fanfarra*, órgão acadêmico, lançado no dia 20 de março. Pouco depois, apresentado a José do Patrocínio, ingressou na *Gazeta da Tarde*, com o salário de 60$000 (sessenta mil réis) mensais. Estava incumbido de preparar a "mala" de São Paulo, ou seja, colocar num envelope notícias recortadas da imprensa carioca e enviá-lo à capital paulista. Até que uma greve na redação, uma parede como então se dizia, deu ao rapaz alto e magro, de aspecto grave e voz soturna (os humoristas, mais tarde, iriam compará-lo a um cipreste) a oportunidade de mostrar o seu talento.

Inconformados com o atraso no pagamento dos salários, fato comum nas publicações de Patrocínio, os jornalistas da *Gazeta* resolveram cruzar os braços. O editor achava-se ausente, assim como Raul Pompeia, uma espécie de segunda cabeça da redação. Quando Alcindo chegou, o Gerente Serpa Junior comunicou-lhe a situação. Podia voltar para casa. Naquele dia, não haveria jornal.

Alcindo não hesitou. Instalado na sala da redação, sozinho, redigiu todo o jornal, do editorial ao noticiário, incluindo as seções humorísticas, as crônicas, as críticas. No dia seguinte, ao saber da façanha, os grevistas lhe ofereceram um banquete. Patrocínio, com seu temperamento arrebatado, confiou-lhe a crônica política, na qual, sob o pseudônimo de Aranha Minor, o novo cronista passou a reivindicar a abolição do regime servil e a República.

Foi então convidado a dirigir o jornal *Novidades,* fundado e subvencionado por escravocratas. Sem hesitação, com o mesmo ímpeto e ardor com que defendera o Abolicionismo na *Gazeta da Tarde*, passou a apoiar a manutenção do regime escravista. Medeiros e Albuquerque diz que Alcindo aceitou o cargo devido à pobreza em que vivia. A nova posição pode ter aliviado as suas finanças, mas tornou-o "detestado de quase todos"[5] no ambiente jornalístico. A hostilidade amenizou com o tempo, mas a desconfiança acompanhou o jornalista ao longo de toda a sua carreira.

---

[5] ALBUQUERQUE, Medeiros e. *Op. Cit.*, p. 158.

Essa época foi a de sua mais intensa atividade literária. Publicou uma série de contos, alguns poemas, iniciou em *A Vida Moderna* um romance, não concluído, intitulado *Amor*, colaborou no romance coletivo *O Crime da Rua Fresca*, com Olavo Bilac, Coelho Neto, Aluísio Azevedo e outros, publicado em folhetim no *Correio do Povo.* Artur Azevedo louva as suas qualidades de ficcionista, dizendo que ele "seria um belo romancista, um excelente fazedor de contos", se a política "não o houvesse absorvido e sequestrado".[6]

O sequestro pela política veio com a Proclamação da República. Eleito deputado à Assembleia Constituinte de 1891, mostrou-se duro e apaixonado, sem perder a frieza, na defesa de suas opiniões, empenhando-se, na tribuna e em artigos sibilinos, publicados no *Jornal do Commercio,* a favor da candidatura de Prudente de Moraes, contra a eleição de Deodoro da Fonseca. Neste início de atuação parlamentar, já mostrou as diretrizes que seguiria em sua longa vida de deputado e senador. Combativo, mas equilibrado. Elegendo a tolerância como uma das virtudes capitais da República, participou ativamente da vida da nação, através de presença assídua em comissões, em trabalhos parlamentares, em debates e discursos

---

[6] A. A. (Artur Azevedo). "Alcindo Guanabara". *O Álbum*. Rio de Janeiro, fevereiro de 1893.

"de grande lucidez na análise e nos julgamentos",[7] na defesa de proposições polêmicas, como uma lei de divórcio, e na autoria do primeiro projeto de lei de proteção à infância abandonada e delinquente, não aprovado pelo Congresso, mas base da legislação posterior que criou o Juizado de Menores e regulamentou a assistência a menores no país.

Deputado e jornalista, conciliou as duas atividades de maneira a torná-las complementares. Assim, na Câmara e no jornal, apoiou o governo conturbado de Floriano Peixoto e sua política nacionalista, ao contrário da maioria dos artistas e intelectuais. Como recompensa, foi nomeado superintendente geral da imigração na Europa. Em fevereiro de 1893, com a esposa, dona Alice Bandeira Guanabara, e os dois filhos (o casal teve oito ao todo) partiu para a Europa, onde permaneceu um ano.

De volta ao Brasil, retornou à Câmara dos Deputados como membro da segunda legislatura republicana, de 1894 a 1896. Nesta casa, permaneceu até 1911, eleito em cinco mandatos sucessivos, até 1912, quando assumiu o posto de senador. Desdobrou-se na imprensa, cronista político de *A República* e colaborador do *Commercio de São Paulo*, onde

---

[7] SODRÉ, Nelson Werneck. *História da Imprensa no Brasil.* Rio de Janeiro: Civilização Brasileira, 1966, p. 402.

publicou a *História da Revolta de 6 de Setembro 1893,* mais tarde recolhida em livro, sem assinatura.

Prudente de Moraes, primeiro presidente civil, tomou posse no governo da República com o apoio e a confiança de Alcindo. A desilusão foi quase imediata. Inconformado com a política pacificadora do paulista, que se opunha à filosofia nacionalista de Floriano Peixoto, rompeu com o presidente, num artigo bombástico, de grande repercussão. O cenário político tornava-se incandescente. O país mergulhava na instabilidade financeira. A tensão social explodia.

A situação conflituosa estimulava o debate e a polêmica. Alcindo estava em seu elemento. Jamais se omitiu. Por vezes, se precipitou. Assim, durante a Guerra de Canudos, sem prova concreta, acusou o Coronel Gentil de Castro, diretor da *Gazeta da Tarde*, jornal monarquista, de fornecer armas a Antonio Conselheiro. O processo tomou ares de escândalo. Diante do tribunal, Alcindo sustentou a sua acusação, em termos duros. A assistência aplaudiu, os seguidores do coronel protestaram. Houve quase um conflito.

No dia 5 de novembro de 1897, um anspeçada do Exército, Marcelino Bispo, tentou alvejar o presidente, mas o revólver falhou. Na luta, o agressor puxou uma faca, com a qual feriu o Ministro da Guerra, Marechal Machado Bittencourt, que acompanhava Prudente e veio a falecer. A reação foi dura, com a implantação do estado de sítio. O inquérito policial indiciou como envolvidos no crime alguns congressistas mais agressivos, entre os quais Alcindo e Barbosa Lima, recolhidos à Fortaleza de Villegagnon e logo embarcados no cruzador Andrada, com destino à Ilha de Fernando de Noronha.

Algum tempo depois, o Supremo Tribunal concedeu *habeas corpus* aos prisioneiros, argumentando não ser a ilha local adequado a presos políticos. A batalha recomeçou. A oposição não descansava, aglutinando-se, na Câmara, na ala denominada Concentração Republicana, integrada por antigos membros do P. R. F., e da qual Alcindo era um dos líderes. Em suas crônicas políticas em *A Tribuna*, jornal que acabava de fundar, metralhou sem tréguas, até o final, o governo Prudente de Moraes.

Com a eleição de Campos Sales, Alcindo saltou da oposição para a situação. Membro da Comissão de Finanças da Câmara dos Deputados, defendeu com intransigência e lucidez as diretrizes financeiras elaboradas pelo Ministro da Fazenda, Joaquim Murtinho. No congresso e na imprensa, apoiou o *funding-loan* proposto pelo governo e o equilíbrio orçamentário. No final do quatriênio (1899-1902) publicou em livro uma longa e minuciosa análise do governo que terminava, intitulado *A Presidência Campos Sales*.

Membro fundador da Academia Brasileira de Letras, o jornalista político mais cortejado do país, Alcindo gozava então de imenso prestígio intelectual, mas não se livrava da desconfiança popular, em razão dos inúmeros negócios duvidosos em que se envolveu.[8] Ele mesmo mandou suprimir seu nome do cabeçalho de *A Imprensa*, para facilitar a aceitação do jornal pelo público. Essa antipatia popular foi uma das razões da fugacidade das publicações que criou, de vida breve sob sua direção, logo repassados a terceiros.

Vendida *A Tribuna*, fundou *A Nação*. O espírito era o mesmo. Com uma novidade: o jornalista declarava, de forma direta, as suas convicções socialistas. O jornal, porém, teve vida breve. Nesta fase, Alcindo colaborou ainda em *O Dia*, com o pseudônimo de Pangloss, e em *A Universal*, assinando ora Marcelo, ora Diabo Coxo.

---

[8] "Não havia negócio escuso, advocacia administrativa, transação fracassada nas mãos dos outros, cujos interessados não corressem ao Alcindo, tomando-o para patrono...", anota Humberto de Campos. E acrescenta, venenosamente: "Entretanto, esse homem que ia buscar o dinheiro tão longe e a tão alto preço, quando recebia o seu subsídio no Senado ou na Câmara, dava-o todo a uma infinidade de parasitas que o assediavam e que viviam de sua generosidade... Ele chegou à perfeição de sustentar a amante, o sujeito que vivia com esta, a filha da amante e o marido da filha da amante...". *In*: CAMPOS, Humberto de. *Diário Secreto.* Rio de Janeiro: *O Cruzeiro*, 1954, p. 257.

Em 1902, assumiu a chefia da redação de *O País*, tendo ainda a incumbência de redigir o editorial. Era a época da Presidência Rodrigues Alves, cujo dinamismo implantou uma nova mentalidade administrativa no país: remodelação da capital, sob a batuta do Prefeito Pereira Passos, traduzida no *slogan* "O Rio Civiliza-se", demarcação definitiva de nossas fronteiras, graças à ação de Rio Branco, incorporação do Acre ao Brasil (a respeito, Alcindo escreveu seu segundo livro, *O Acre. O Direito da Bolívia,* publicado em 1900), modernização dos portos, luta contra a febre amarela, a peste bubônica e a varíola, conduzida por Oswaldo Cruz. O país procurava se ajustar ao novo século. Modernizar-se. Os conflitos foram inevitáveis. As medidas sanitárias provocaram reações extremas, estimuladas pela ignorância e por interesses escusos, explodindo na revolta dos quebra-lampiões, contra a vacinação obrigatória.

Alcindo, redator dos discursos do presidente, apoiou a política governamental e em seus editoriais em *A Imprensa* defendeu a modernização do país, com o seu habitual equilíbrio e leve ironia. No final do quatriênio, a sua palavra assumiu tons de comício, na defesa do primeiro plano de valorização do café, debatido em clima passional, origem do Convênio de Taubaté.

Por essa época, aproximou-se de Pinheiro Machado, que teria tanta influência em seu destino posterior. Quando da campanha para eleger o sucessor de Afonso Pena, Alcindo já estava identificado com os ideais do caudilho gaúcho. Os dois candidatos, Hermes da Fonseca e Rui Barbosa, eram o oposto, nas posições políticas e na formação cultural. O baiano, com a sua cabeçorra e a sua eloquência em cascata, era considerado o homem mais culto e inteligente do Brasil. E discursava com a arrogância e certeza de quem já se sentia eleito. Entre os políticos, era mais temido do que estimado. O Marechal, homem de recursos intelectuais modestos, tinha a seu lado as classes militares e as máquinas eleitorais dos estados, sacramentado pelo maquiavelismo de Pinheiro Machado.

Em *A Imprensa*, jornal fundado por Rui Barbosa, em 1898, Alcindo usou toda a sua dialética em apoio ao militar. Aliás, tudo sugere uma certa antipatia, não declarada, pelo colega baiano, cuja arrogância era o oposto do seu bom senso e tolerância. Mas os biógrafos de Alcindo, em sua maioria admiradores de Rui Barbosa, não perdoam a sua opção. Um deles chega a acusá-lo de sustentar a "tese absurda da conveniência dos não preparados ou desprovidos de cultura intelectual, no posto culminante da direção dos destinos da nação".[9]

---

[9] MOTA, Artur. "Perfis Acadêmicos – Alcindo Guanabara". *Revista da Academia Brasileira de Letras,* volume XXXV, março de 1932, p. 324.

A partir daí, Alcindo entregou-se inteiramente às mãos de Pinheiro Machado, abdicando de sua independência intelectual para ser um mero redator do pensamento do líder gaúcho. Essa sujeição acabou explodindo numa fase de angústia, de desencanto com a sua atuação jornalística e de insatisfação consigo mesmo. Num encontro com o jovem Gilberto Amado, que começava a servir a Pinheiro, o velho jornalista alertou o iniciante para o terreno perigoso que ia trilhar:

> Saí com Alcindo que me levou à Casa Carvalho e, diante de aperitivos – eu ignorava até então que Alcindo dera para gostar de bebida – aquele obelisco de silêncio abriu-se comigo em confidências. Rasgou-se todo. Ó conversa! Grande parte dela não posso reproduzir. De uma franqueza estarrecedora. Impublicável. O amargor daquele grande espírito! – "Vão fazer com você o que fizeram comigo. Sugar... tirar tudo de dentro de você... e manter você em situação sempre subalterna. Defenda-se. Reserve-se. Senão você se perde".[10]

---

[10] Amado, Gilberto. *Mocidade no Rio e Primeira Viagem à Europa*. Rio de Janeiro: José Olympio, 1956, p. 437.

Adoentado, com os primeiros sintomas da doença cardíaca que o mataria, Alcindo abandonou o Jornalismo diário. Arriscava apenas algumas colaborações, cada vez mais raras. As suas forças estavam voltadas à atividade de senador, para a qual fora eleito pelo estado do Rio de Janeiro, em 1912 e reeleito na legislatura seguinte.

Quase sempre, ao sair do Senado, dirigia-se à casa de Madame Chrysanthème, pseudônimo de Cecília Bandeira de Melo Rebelo de Vasconcelos, cujos livros, com um toque de escândalo, obtinham sucesso à época, com quem mantinha um relacionamento extraconjugal. E ali morreu, no dia 19 de agosto de 1918. O corpo foi levado às pressas para a sua residência, na Rua Gustavo Sampaio, 62, no Leme, por dois de seus filhos. No dia seguinte, a imprensa noticiou que o senador havia falecido em casa de seu médico, Dr. Castro Barreto. A mentira piedosa foi repetida pelos biógrafos de Alcindo, convencidos de que aspectos desagradáveis da vida do biografado devem ser ocultos, quando, em verdade, as considerações devem caber aos vivos. Aos mortos, como dizia Lamartine, devemos apenas a verdade.

REFERÊNCIAS BIBLIOGRÁFICAS:

História da Revolta de 6 de Setembro de 1893. Rio de Janeiro: Typ. e Pap. Montalverne, 1894, 260 páginas. Publicado sem nome de autor.

O Acre. O Direito da Bolívia. Rio de Janeiro: Jornal do Commercio, 1900, 218 páginas.

A Presidência Campos Sales. Rio de Janeiro: Laemmert, 1902, 517 páginas.

A Dor. Conferência literária efetuada em 9 de setembro de 1905 no salão do Instituto do Instituto Nacional de Música. Rio de Janeiro: Estabelecimento Gráfico Léon de Rennes & Cia, 1905, 33 páginas.

Serviço Militar. Discurso proferido na sessão de 10 de outubro de 1906 na Câmara dos Deputados. Rio de Janeiro: Imprensa Nacional, 1906, 75 páginas.

Caixa de Conversão. Discurso proferido na sessão de 28 de agosto de 1906, na Câmara dos Deputados. Rio de Janeiro: Imprensa Nacional, 1906, 62 páginas.

Exposição de S. Luís. Discurso oficial na sessão solene para entrega das medalhas e diplomas conferidos aos expositores brasileiros. Rio de Janeiro: Tip. Bernard Frères, 1907, 10 páginas.

Jornal do Commercio – A Tradição. Rio de Janeiro: Jornal do Commercio, 1908, 13 páginas.

Discursos fora da Câmara. Rio de Janeiro: Livraria Editora, 1911, 143 páginas.

Discurso Proferido na Associação Brasileira de Imprensa. Rio de Janeiro: Jornal do Commercio, 1915, 15 páginas.

Pela Infância Abandonada e Delinquente no Distrito Federal. Rio de Janeiro: Jornal do Commercio, 1917, 62 páginas.

ANTOLOGIA

O Marechal Floriano*

O tipo do Marechal Floriano é dos mais curiosos que o historiador futuro terá de estudar.

Raramente haverá um homem político de quem se tenha dito tanto bem e tanto mal; cujo caráter tenha provocado tantas e tão contraditórias opiniões; cuja personalidade e cuja ação tenham suscitado, ao mesmo tempo, tanto entusiasmo e tanto ódio. Isto basta para significar que ele não é um homem vulgar, e quem o conhecer poderá dizer, até, que é excepcionalmente raro, tão raro, que dificilmente encontrará uma fórmula precisa para defini-lo.

Caboclo do norte, homem de quarenta e quatro a quarenta e seis anos, de estatura mediana, cabeça bem conformada, testa larga, nariz grosso e reto, lábios grossos, cobertos de um bigode escasso, queixo rigorosamente escanhoado, suíças imperceptíveis, duas rugas sensíveis e fortes descendo das abas das narinas ao canto dos lábios, que lhe animam e adoçam a fisionomia rude; olhos pardos, grandes, fundos e de extrema mobilidade, mal velados pelos cílios, quase sempre baixos, eis em duas palhetadas o aspecto do vice-presidente da República.

---

* *In*: Werneck, Eugenio. *Antologia Brasileira*. 21.ª edição. Rio de Janeiro: Livraria Francisco Alves, 1941, pp. 173-5.

Quase nunca aparece em público; e quando o faz veste sempre a sua farda de Marechal do Exército trazendo ao peito as medalhas de campanha, ganhas no Paraguai. Em casa, de ordinário, as suas vestes habituais consistem na calça e no jaleco de brim, camisa sem goma.

Tem o tipo do indolente das zonas tropicais; mas ninguém o julgue por tais aparências; é dotado de um raríssimo poder de trabalho. Fala pouco; se dá ordens, dá-as em tom rápido e incisivo e da forma mais lacônica possível; se conversa, ouve mais do que fala, e, quando fala, só diz o que lhe convém dizer. Dispõe dessa preciosa faculdade de entreter o interlocutor durante horas, sem que este tenha de se queixar da sua polidez e sem também ter-lhe apanhado mais do que frases gerais.

É um chefe de família modelo.

A sua honestidade pessoal é conhecida e reconhecida. É de uma economia rigorosa: a sua casa é dirigida com a ordem e a parcimônia da de qualquer burguês que deseja pôr no mealheiro uma parte de suas escassas rendas anuais.

Intelectualmente, não dispõe de uma instrução que o habilite a ser um sábio ou um erudito; mas dispõe da instrução necessária para estar ao nível dos homens políticos de seu tempo.

É arguto e sagaz, apreende rapidamente as questões, tem uma inteligência lúcida. Não fala senão a sua língua e, além desta, lê somente o Francês.

No fundo, é um cético, voltairiano, e esse ceticismo armou-o de uma desconfiança geral, absoluta, profunda, contra tudo e contra todos.

Desconfia: portanto, vigia, inquire, esquadrinha. Pode ouvir o que lhe dizem – e é raro que o faça; – mas ninguém jamais pode gabar-se de que o determinou a fazer isto ou aquilo; delibera por si exclusivamente. Desta modalidade de seu caráter resultou que o regime presidencial se transformou em regime pessoal. Os ministros são entidades que não existem; nem agem por si, como chefes de suas repartições, nem agem nos conselhos do governo, porque o chefe não recebe conselhos. Concentrou em suas mãos todos os negócios do Estado, convencido de que, sendo sua a responsabilidade, necessária se tornava que tudo fosse feito segundo a sua vontade, e assim é desde a nomeação do último contínuo.

Sem nenhuma questão, o Marechal Floriano é essencialmente um militar, dominado do espírito militar, apaixonado pela classe militar. O seu governo seria sempre um reflexo dessa tendência de seu espírito; mas, dada a sua serenidade, poderia ter sido – e naturalmente seria – muito menos acentuada do que foi, se o fato de se achar sempre ameaçado, não o houvesse colocado na contingência de preparar os elementos de defesa. Porque – verão quando serenarem as paixões – o serviço que ele prestou, de haver resistido à revolução e de manter-se no posto em que a lei o colocou, foi o maior que se podia prestar à nossa pátria, ameaçada de se engolfar no abismo da caudilhagem. E essa intenção foi sempre a sua. Não há homem político que lhe não tenha ouvido dizer um ror de vezes, desde muito tempo:

– Desta cadeira, só duas forças são capazes de me arrancar: a lei ou a morte.

Porque – é um fenômeno curioso dessa psicologia complicada – o Marechal Floriano, que tem, tantas vezes, passado por cima da lei, tem por ela uma veneração sincera. Conscientemente, é absolutamente incapaz de violá-la.

Se lhe provarem que tal ato fere de frente o artigo tal, de tal lei, por mais que o deseje, desiste dele imediatamente. Esta preocupação da lei só é menor, no seu espírito, do que a preocupação da República. Muito se tem contestado – e talvez não sem razão – que sob o seu governo tenhamos vivido em República, nome, aliás, que tem a virtude singular de dizer tudo sem exprimir nada.

Mas o fato é que o Marechal Floriano não obedece, não sente e não se guia por mais forte intenção senão essa de manter, defender e sustentar a República.

A Casa de Dickens *

(Trecho das *Memórias Inéditas*)

O dever de averiguar por mim mesmo em que estado arribara a Portsmouth as duas torpedeiras levou-me ontem... à casa em que nasceu Dickens. Esta casa, sita na estrada principal que sai de Portsmouth, não se distingue em nada das que a cercam: uma grade de madeira protegendo um jardinzinho exíguo, janelas comuns superpostas duas a duas, a habitual água-furtada e a inevitável chaminé de tijolo, dominando-a. Não fosse uma placa, avisando que ali nasceu, a 7 de fevereiro de 1812, o maior escritor que a Inglaterra produziu neste século, e ninguém lhe daria um olhar.

Esta placa deteve-me. Parei a considerar com atenção, quase com afeto, essa casa, em que, aliás, eu sabia que Dickens só havia passado poucos anos da infância; mas quando se tem por um artista a veneração, o respeito, o amor que eu tenho por Dickens – certamente o escritor cuja vida e cuja obra mais tem influído sobre mim – não é para admirar que o encontro inesperado da casa em que ele viu a luz nos deixe uma certa comoção. Era ali que nascera Charles John Huffham Dickens, segundo filho de John Dickens, empregado subalterno

* *In*: *Almanaque Garnier*, 1908.

numa das repartições de Marinha de Portsmouth; era ali que se tinha escoado a parte talvez mais feliz da sua existência; era ali, pelo menos, que correram os únicos dias despreocupados da sua vida. Poucos e breves foram esses dias. Carlos era ainda menino, quando John Dickens se mudou para Londres e depois para Chatham, onde ele começou a frequentar a escola. Um de seus biógrafos informa-nos que o futuro humorista, inimitável e inexcedível, era concentrado, quase melancólico. Não brincava com os meninos de sua idade: passava os dias a ler os poucos livros que o pai possuía. A miséria veio cedo atirá-lo à triste realidade da vida. A prisão por dívidas da Marshallsea⚜ abriu-se para a reclusão de seu pai e de sua mãe: Carlos foi obrigado a procurar trabalho numa oficina, onde ganhava seis *shillings* por semana, com os quais provia a própria subsistência... Mais tarde, em *David Copperfield* e em *Little Dorrit*, ele pintou com verdade esses dias de tristeza e de mágoa. No seu primeiro livro, *Sketches by Boz*, conta-nos que não teve na sua mocidade uma vasta e sólida cultura. Efetivamente, quando volveram para os pais dias melhores, Carlos voltou à escola, que frequentou durante três anos, findos os quais entrou para o escritório de um advogado. Não

---

⚜ Na prisão de Marshallsea, em Londres, eram recolhidos os devedores, condenados pela justiça. Dickens retratou-a em *David Copperfield*. [N. do O.]

lhe agradaram as tricas forenses. Pouco depois, era cronista parlamentar do *Morning Chronicle*, onde adquiriu a fama de ser o melhor repórter de seu tempo, só vindo a renunciar a essa carreira quando a sua obra imortal, *Pickwick Papers*, publicada em 1836, teve o largo sucesso que lhe trouxe merecida fama. Foi exatamente essa a primeira obra de Dickens que me veio às mãos, quando ainda adolescente. Li depois uma infinidade de obras inglesas deste século e li todos os demais livros do próprio Dickens e nenhum achei que lhe pudesse ser comparável. O tipo de Pickwick é uma criação genial e eterna. A sátira, a ironia, a análise humorística dos costumes e dos vícios ingleses aí são feitos com uma tal sensação de verdade e uma tamanha superioridade de espírito, que o leitor estrangeiro, alheio a esses lugares e coisas, tem deles uma noção, por assim dizer, exata. Mas é, sobretudo, quando se está aqui e se percorre os lugares que a obra de Dickens nos tornou familiares, Bevis, Marks, Clerkenwell, Gray's-inn-road, Inns of Court, e a todo o momento nos cafés, nas ruas, nas igrejas, nas salas dos tribunais, nas escolas, se acotovelam os tipos que ele fixou com uma precisão de objetiva fotográfica, que se adquire a noção exata desta verdade: de que muitos anos antes do famoso Concílio de Medan, em que pontificava Zola, o papa do Realismo, já nesta verde ilha, fundeada neste verde mar do Norte, este grande escritor entendia a arte como a exata expressão da verdade, colhida na observação dos aspectos flagrantes da Vida. Não importa que *Pickwich Papers* seja uma obra que se poderia dizer caricatural. O humor é uma modalidade peculiar ao espírito inglês; mas não exclui a observação e o registro da verdade. Antes, é incompreensível fora dos limites que elas lhe traçam. Quando exorbite deles, já não é o humor: é a blague, é a pilhéria, é a chalaça, pura ginástica do espírito e das palavras, alguma coisa como as contorções funâmbulas de *clown*, que não deixam impressão, ou deixam, bem no fundo, o resíduo do tédio. *Pickwick* é a mais completa e a mais perfeita condensação do humor inglês, que apareceu durante todo este longo e glorioso reinado de Sua Majestade Graciosa; e sem embargo disso, é uma fotografia admirável da vida inglesa, da terra inglesa, da civilização inglesa, dos costumes ingleses do tempo em que foi escrita, ainda relativamente tão próximo e que, entretanto, já se me afigura a mim, que só agora vejo a Inglaterra, tão remota como se mediasse um século.

Também nenhum outro moderno livro inglês penetrou tão intensamente a alma popular. Haveria todo um capítulo a escrever só sobre os artistas que o ilustraram, desde a disputa para a sucessão de Seymour, que ilustrou o primeiro volume e estava morto quando apareceu o segundo. Essa sucessão notável coube ao estimado artista H. R. Browne; e são conhecidas as suas lutas com o próprio Dickens, que não confiava ao critério do artista a escolha dos trechos a ilustrar e que, não raro, desenhava os esboços ou ia até a corrigir os desenhos já feitos e assinados por esses grandes nomes. Haveria outro capítulo a escrever sobre a série imensa de imitações espúrias e de continuações dessas aventuras: *The Penny Pickwick, Pickwick in America, Pickwick Abroad, The Pickwick Gazette* etc. É inútil fazê-lo aqui: tudo isso comprova apenas que, em verdade, esse livro singelo, por isso mesmo que era a reprodução de cenas da vida realmente vivida, interessou e comoveu o público inglês. Não foi outra a razão da força enorme de que gozou este grande escritor sobre a opinião de seu país. Não esqueçamos de que ele não cedia a nenhuma influência estranha ou doméstica. No continente, o que dominava era o Romantismo triunfante; a voz que se ouvia era a grande voz de Hugo. Era o tempo das *Odes et Ballades*, dos *Rayons et les Ombres*, das *Voix Intérieures*; era o tempo da Musa formidável, exercendo uma formidável ditadura:

Et que tous ces pervers tremblent dès à présent
De voir auprés de lui, formidable et posant
Son ongle de Lion sur ta lyre etoilée
Ta colére superbe à tes pieds muselée!

A apóstrofe ameaçadora desse profeta bíblico não era ouvida do outro lado da Mancha. Dickens serenamente escrevia *Nicolas Nicleby*, o romance social, discutindo a grave questão da educação nacional, que se lhe afigurava por demais descurada pelo Estado; abandonava em *Oliver Twist* a "vis cômica" e dava-nos um quadro pungentíssimo dos aspectos trágicos da Vida; em *Great Expectations* e em *David Copperfield*, que são quase autobiografias, expunha a situação social da Inglaterra, assinalando vícios e reformas. O movimento literário da França, que é o único que conhecemos e admiramos no Brasil, só muito mais tarde se orientou neste sentido. Ainda a Literatura era apenas uma arte de prazer, um esforço de imaginação, alheio à vida, alheio aos interesses da humanidade, e já Dickens não a concebia sem um objetivo útil. Não se veja nisso apenas uma feição do caráter saxônio. Para mim, a sua razão principal está no próprio temperamento pessoal do escritor, que, muita vez, sentindo decerto que o romance era apenas uma arma de ação indireta, recorreu a esse instrumento magnífico de combate que é o periódico. Escasseavam-lhe, porém, todas as qualidades de jornalista e esses diversos periódicos naufragaram: era a negação do jornalista aquele temperamento de artista metódico, que não tinha nenhuma fé na inspiração de momento, que só confiava no trabalho regular e pontual, que não admitia o improviso, que não concebia a difícil tarefa de narrar senão absorto por completo no silêncio monacal de sua casa de Gadshill, onde transcorreram pacificamente os seus últimos anos de vida e onde escreveu ainda grande número de obras entre as quais esse *Martin Chazzlewit,* que ele estimava como a sua obra-prima e que, entretanto, nunca obumbrou a glória de *Pickwick*.

Agora ali, naquela estrada de Portsmouth, a placa assinalando a casa em que nasceu Dickens, evocava toda essa obra e ia reconstruindo em meu espírito a personalidade do grande romancista, que eu tanto estimei e que tamanha influência exerceu sobre mim. Foi aos quinze anos que, tendo lido *Pickwick* e *David Copperfield,* acendeu-se em mim a curiosidade ardente de conhecer intimamente o criador dessas páginas e devorei a biografia que Foster lhe traçou. Compreendi então a força do escritor: o segredo dela residia na sua capacidade de trabalho e no método que nele punha. E desde então a minha preocupação de menino foi imitar Dickens; não certamente o glorioso Dickens romancista, mas o ignorado Dickens trabalhador...

Londres, dezembro 1893.

Primeiro Encontro com Bilac*

Há três anos, o obscuro escritor destas linhas estava pela primeira vez na Academia de Medicina, com uns ressaibos apalermados de calouro a manifestar a sua admiração por tudo aquilo, visto pela primeira vez, de relance e às pressas.

Entrei no anfiteatro de Anatomia: a um canto, em torno de uma das mesas de mármore, onde se estendiam os cadáveres, estavam cinco ou seis rapazes, pernas cruzadas, fumando e palestrando. Sobre a mesa, um grande maço de jornais.

Mal me viram, romperam numa troça desapiedada, caíram sobre a minha nulidade de calouro com toda a sua superioridade de quintanistas, ferinos, cruéis, levados do diabo!

Eu, com esta santa palermice que Deus me deu, encostado ao portal, olhava para o teto e fumava com uma placidez absoluta. Enquanto não me chegassem ao pelo, tudo ia bem! De repente um deles, que eu com o meu espírito de justiça reconheci ser feio, mas ainda assim menos do que eu, adiantou-se para mim com uns ares de gravidade:

– O doutor vai assinar isto – e apontava para o maço de jornais – para adquirir direitos à nossa eterna gratidão.

– Que é que vem a ser isto?

---

* *In*: *Novidades,* 22 de abril de 1887.

– A *Gazeta Acadêmica*, folha que advoga os interesses dos estudantes, muito útil, muito conveniente, muito vantajosa, muito...

– Bom. Quanto é?

– Dois mil réis.

– Passe o recibo.

E daí a dois minutos, eu tinha em mãos um número da *Gazeta Acadêmica* e um recibo onde se lia esta assinatura: Olavo Bilac.

Ora, eis aí como eu pela primeira vez troquei duas palavras com o Bilac, que era por aquela ocasião terceiro ou quartoanista e que em companhia do Montenegro Cordeiro, do Anastácio Viana e de outros, enchia a nossa *Gazeta* de boa prosa e de melhores versos.

Depois, atufado nas preocupações do estudo, divorciado, por efeito de meu temperamento selvagem, das rodas dos rapazes, perdi de vista o Bilac, sem que contudo o houvesse perdido de nome, que sempre se impôs à minha admiração.

Um belo dia, depois que entrei pelo mundo literário como muita gente entra pelo Senado, encontrei de novo o Bilac, que havia feito o que eu fizera: mandara a Medicina à fava depois de estar no quinto ano, preferindo a pena ao bisturi.

Tendo nascido para poeta, não dava absolutamente para fazer de cirurgião! Alinhou a terapêutica e a patologia e começou a cantar, a cantar e a ver a gente em torno dele, pasma do modo por que o fazia!

Tudo que aí está veio para dizer simplesmente isto: o Olavo vai ser bacharel. Acabo de encontrar sobre a minha mesa o seu cartão de despedida: parte para São Paulo a conquistar o seu canudo que lhe dará cinco anos de vida de estudante e o subsequente direito de morrer à fome. Em todo o caso e pois que não queres privar a Faculdade de São Paulo – que tem recebido o que de mais ilustre temos nas Letras – do prazer e da honra de te receber em seu seio, vai, meu caro Bilac, e volta breve, poeta como ninguém, bacharel como toda a gente... Menos eu, justiça se me faça.

Não terminemos sem combater uma injustiça do folhetinista do *Jornal do Commercio.* Chico das Botas não tem razão quando as mete no Diretor do Asilo de Meninos Desvalidos com uma insistência de mofineiro. Quer? Pois bem:

convenhamos em que aquilo não é o ideal; mas, pelo amor de Deus! se há casa onde existem ordem, asseio, economia; se há casa onde os pequenos se moralizam pelo exemplo e pelo trabalho; se há estabelecimento dirigido com certa circunspeção e certa dedicação , é precisamente aquele, meu caro Chico!

Tu nunca lá foste, com certeza, meu velho; vá, dá um pulo até lá, em qualquer dia, a qualquer hora, corre aqueles dormitórios, entra naquelas oficinas, admira, e vem depois das Cócegas da sexta-feira próxima, entoar em *poenitet* convencido.

Anda, malvado!

Sobre a Imprensa*

Eu sou jornalista e mais nada. Nunca fui outra coisa. Estou quase a ser atingido pela compulsória nessa profissão que reclama sobretudo saúde, que me vai faltando; mas se me arredar dela será para esperar beatamente a hora final. Aliás, quem faz profissão de jornalista deve saber que não será outra coisa na vida. *La presse méne à tout, à la condition... d'en sortir.* Quem fica não passará de cepa torta e acaba afinal até por o não querer: quando o quisesse, aliás, não o poderia porque

* *In*: *Autores e Livros,* 17 de janeiro de 1943.

essa grilheta lhe é mantida aos pés por quantos se aproveitam do que ela lhes pode dar. Eu conheço um jornalista que fazia oposição a um partido, quando um triste acidente levou ao governo o partido a que ele servia... Como esse jornalista não era propriamente um imbecil, houve quem pensasse em fazê-lo ministro, ao que ele, com admirável bom-senso, se escusou. Um figurão, que era então uma espécie de semideus, felicitou-o por isso.

– O Sr. é muito vermelho, explicava-lhe ele. O governo precisa de ter uma cor mais apagada...

Ao que retorquiu o jornalista em questão, com o mais amável dos seus sorrisos:

– Oh! meu caro senhor: não tenho nenhuma ilusão... Os homens, como eu, só têm uma função na vida...

– ...?

– Fazer a glória dos homens como V. Excia!

Assim, eu não sou, não fui, nem serei, senão jornalista. As minhas incursões pela Política são acidentais e não irão além dos cargos de eleição. Não me considero nenhum estadista: estadistas são os apagados, os nulos, os que não têm opiniões, os que não falam, porque não sabem o que dizer, ou, se o sabem, prudentemente disso se abstêm.

Ora, o Sr. Rui Barbosa terminou ontem a sua trilogia de combate ao governo, por causa do sítio, acusando-o de ter levantado mão sacrílega contra a liberdade da imprensa, que elevou ao sétimo céu. Eu, jornalista e profissional e acidentalmente senador, vou, entretanto, logo mais, votar em favor desse sítio. Renego, então, a liberdade de imprensa?

Molière nos explicava, numa comédia, que

Il y a fagot et fagot

Parece que é o caso. Houve um tempo, no começo da minha vida, que eu combati nas colunas do velho *Correio do Povo* o Sr. Rui Barbosa, que era então membro do governo provisório. Se neste tempo e nas colunas desse jornal eu escrevesse que o Sr. Rui Barbosa era um ladrão, com todas as letras, como certo jornalista escreveu depois de um dos nossos chefes de Estado, ou tivesse deprimido as virtudes da digna senhora, que é a nobre companheira de sua vida, *entenderia S. Excia. que eu estava usando legitimamente da liberdade de imprensa e que esse era o meu direito pleno?*

O Sr. Rui Barbosa foi – e será quando o quiser – o mais fulgurante dos nossos jornalistas. Grandes e memoráveis combates travou S. Excia. nas páginas dos seus jornais. Algum dia, para defender as suas ideias e para combater os atos de seus adversários, sentiu-se S. Excia. na necessidade – e no direito – de cobrir de injúrias torpes as pessoas que combatia e de lhes entrar pela casa dentro, ferindo-as no que tinham de mais melindroso, com palavras ou alusões indecorosas? O Sr. Rui Barbosa disse que sob o Império a liberdade de imprensa era coisa sagrada. Mas sob o Império a imprensa era dirigida e redigida por espíritos superiores e visava fins muito mais nobres do que hoje boa parte dela tem em vista. A imprensa foi durante certo tempo meramente política; discutiam-se ideias: não se procurava, pervertendo o gosto do povo, bater moeda sobre a honra, a reputação, a boa fama dos que governavam. A imprensa neutra, quando apareceu, tinha à sua frente Ferreira de Araújo, que, creia o Sr. Rui Barbosa, cooperou enormemente para o descrédito do regime monárquico, sem todavia nunca haver entrado pela vida privada de ninguém e nunca se ter apresentado como Cristo a manejar o látego e a expulsar do templo os ladrões. A imprensa da oposição radical, pois que era republicana, era redigida por Quintino Bocaiuva: era a doutrina, não a injúria, que nela se encontrava. Um só jornal então apareceu atacando pessoas, injuriando todo o mundo, invadindo a vida privada, escrevendo as mais repugnantes misérias. Esse jornal era lido; mas, naquele tempo, tinha-se vergonha de confessar essa leitura; era equiparado a certas publicações que não podem ser vendidas fora das capas. Sabe o Sr. Rui Barbosa o que sucedeu ao editor responsável dessa infâmia? Mataram-no a punhaladas, ali na Rua do Lavradio, em frente à chefatura da polícia, de onde ele saía. E no dia seguinte, o imperador fez uma visita a certo quartel... ⚜

Outro dia, em Paris, representava-se num teatro de boulevard uma revista. Aparecia nela o Sr. Callaux, ex-ministro da Fazenda, cuja mulher matou o Sr. Gaston Calmette, que começava a querer aclimar em França esse gênero de imprensa injuriosa; e aparecia declarando que "ele era o juiz de instrução desse processo". O magistrado, assim atingido, julgou-se injuriado e queixou-se: o governo ordenou logo a supressão da cena toda.

Há, em França, uma grande sociedade bancária, que tem agências em todos os bairros de Paris e sucursais em todas as províncias. É um vasto repositório de economias populares; e uma corrida que lhe fizessem seria um grande desastre para ela e para o povo, quiçá para o Tesouro, que não poderia assistir de braços cruzados a essa ruína. Ora, alguns jornalistas,

⚜ Refere-se a *O Corsário*, jornal de escândalo de Apulco de Castro, assassinado pelos militares, em 25 de outubro de 1883, em plena Rua Uruguaiana (e não Rua do Lavradio) diante os olhos da multidão. [N. do O.]

por motivos que os senhores facilmente compreendem, escreveram e publicaram uma folha de papel, demonstrando que essa sociedade estava falida, incitando o povo a ir retirar dela os seus depósitos, como aqui se fez para a Caixa Econômica. Esse papel impresso foi vendido uma tarde no boulevard: à noite, a polícia sequestrava toda a edição. Não há muitos dias, o Dr. Bernardino Machado permitia a circulação dos jornais monárquicos em Lisboa: no dia seguinte, lhes interditou a circulação e, respondendo a uma interpelação na Câmara disse com nitidez:

– Respeito a liberdade de pensamento. Não reconheço a liberdade da injúria.

Eu subscrevo essas palavras. Penso que a liberdade de consciência é a liberdade essencial à vida social! Não concebo que, por suas opiniões religiosas, científicas ou políticas, alguém possa ser perseguido. Mas não reconheço a ninguém o direito de infamar e deprimir a imprensa, usando dela para satisfação de seus ódios pessoais ou de seus interesses espúrios injuriando pessoalmente a quem quer que seja. Ao contrário, creio que se não pode fazer mal maior à sociedade do que se lhe faz, assim lhe instilando n'alma esse veneno. Se a força nada prova, a injúria também não prova nada. Insultar não é discutir; o palavrão não é argumento. Para fechar os olhos às questões da atualidade e, em vez de examiná-las, analisá-las, combatê-las com razões e provas, escrever uma coluna de desaforos contundentes e de agressões, em estilo da praia do Peixe, não é preciso ser jornalista; basta ser grosseiro e ter alma para isso. E por isso mesmo, a liberdade de imprensa nada tem a ver com os que disso vivem. Nisso, como em tudo, tem razão Molière: com esta *fagot*, eu nada tenho.

Rubores*

Então com que havia alguma coisa desconhecida para ela e que tinha a habilidade de se meter lá, tão no fundo do seu eu, que nem sequer a pressentira?

Pois decerto havia! Se não, como se explicavam essas ânsias de ver, esta fúria de sentir coisas que ela ignorava mesmo quais fossem?

Por que esses frêmitos que a sacudiam assim, nervosamente, agora que estava ali, recostada à janela do seu quarto, enfiando os olhos pelo azul do céu, sonhando com anjos louros a brincarem num delicioso abandono de infância perpétua?

Mas coisa terrível devia ser esta que se aninhara dentro dela com a astúcia de uma cobra e que revoluteava agora em seu seio, espiralando o corpo com um agitar de cauda

---

* *In*: *Novidades*, 14 de novembro de 1888.

impetuoso, fazendo-lhe borbulhar o sangue, que a tingia de largas manchas rubras. Terrível coisa esta, que não pudera pressentir em quinze anos e que a surpreendia agora, obrigando-a a aquela exaltação sem causa, distendendo-se-lhe pela medula, arrepiando-lhe a carne numa sensação indefinível de frio abrasador e emprestando-lhe o retesamento muscular da ânsia mal contida de um prazer ignorado!...

Mas o que era aquilo, Deus do céu? Por que ela, que era tão boa, que nada tinha feito, havia de sofrer todo aquele tormento?

Porque as outras não o sofriam, decerto. Nunca lhe contaram nada... E entretanto contavam-lhe tantas coisas! Ah! como ela desejaria, agora, ainda ser aquela pequena de saia curta, perna à mostra, a correr como uma endiabrada pelo pátio do colégio, ofegante e vermelha, os cabelos louros açoutando-lhe amorosamente a face, atrás do bando de borboletas brancas, rindo deliciosamente quando o cansaço a atirava para cima do capim que verdejava lá no fundo!

E mal podia compreender por que motivo não queriam mais que ela brincasse como antigamente, e corresse de saia curta, perna à mostra... E insensivelmente, só com lembrar-se de poder mostrar-se aos outros com um pedaço de perna ajustado à meia cor de carne, encheu-se de uma perturbação incompreendida, encolheu-se, toda vermelha, dentro de si mesma, como se tivesse pensado em uma coisa terrivelmente abominável.

E corria de vergonha, o rosto em fogo, passava repetidamente a mão pela face e comprimia o seio, que, como uma pequenina onda, se agitava naquele estranho fluxo e refluxo.

E a chusma dos desejos loucos que fervilhavam lá dentro, sem que ela o soubesse, assaltava-lhe a mente e escapava-se pelos olhos naqueles raios fulvos e vibrantes, que fugiam pelo ar, dançando, deslumbrando-a, prostrando-a numa moleza galante de pomba apaixonada.

E tinha uns tremores vagos, receios, que se não acentuavam, de coisas desconhecidas que lhe apareciam ao mesmo tempo deliciosas e horríveis. Levantava-se do seu corpo, branco como uma pétala de camélia, um sopro valente de carne que desperta. E aquela mistura de tons fortes de carne e meias tintas pálidas de inocência, banhava-a de cores mal entendidas, de um rubro que a assaltava subitamente, de uma palidez que vinha inesperada.

E ficava ali, junto à janela do seu quarto, vendo o sol derrocar-se sobre o campo, esbraseando os rosais que lhe enviavam perfumes enervantes; e, ainda que com os olhos pasmos, naquela orgia sã de luz, não lhe enviava um olhar inteligente, toda preocupada com o esbraseamento em que ela própria ardia. Passava os dedos pelo pulso, sentindo o gorgulhar apressado do sangue nas artérias, julgando que ardia em febre, uma febre voraz que a consumia, assim, naquele longo martírio terrível e ignorado. Nunca lhe tinha passado pela mente que se pudesse sofrer tanto e de modo tão estranho. Porque o que a surpreendia muito é que nem sabia dizer o que sofria à mãe, quando esta lhe prendia a cabeça, engastando-a num longo beijo fúlgido e amoroso. Estranha coisa essa que a perseguia assim, daquela forma, agitando-a, perturbando-a, atirando em seu espírito as irresoluções, as calmas e as ânsias de um oceano! Aquilo seria um castigo, Deus do céu? Mas que poderia ela ter feito que merecesse pena tão grande? Não se acusava de nada...

Mas quem sabe se os outros também não sofreriam assim? Era então uma devastação aquilo, barrando tudo, atingindo todos? Era um flagelo inerente ao homem, a cólera ou a vingança de um Deus poderoso atiradas a um e transmitidas a todos?

E o sangue: como um látego vibrado por mão forte, enrodilhava-se-lhe pelo corpo, produzindo-lhe a sensação desconhecida de um prazer, de que não se tem ideia nítida, semissatisfeito. E tinha todas as confusões e acanhamentos que pode ter uma virgem diante de uma palavra que a moleste: fechava os olhos, recolhia-se à concha de sua alma, com rubros pedaços de céu esparsos pelo rosto como se fosse este o refletor das ondas vermelhas que o sol, como um nababo bêbado, orgiacamente, amontoava sobre a campina. E de repente, já pálida, surpreendia-se naquele pudor, admirada dele, sem conseguir compreendê-lo. E passeando os olhos pelo rosal que se alastrava por baixo das janelas, prendia-os a um bando gárrulo de passarinhos que cantavam por ali fora as alegrias e os amores que se lhe aninhavam no peito...

Surpreendia-a aquele modo de cantar, todo novo para ela, canto que tinha entoações de metal e que lhe caía no sangue com uma ardência que a perturbava. E, depois, viu dois dos passarinhos, saltitando juntos, ruflando vitoriosamente as penas, entoar um canto esquisito, composto de rosários de lágrimas e molhos de risos: notas soltas, a princípio, demoradas, lentas, que se iam sucedendo numa lânguida morbidez voluptuosa; e pouco a pouco, com a majestade de um sol que se levanta, as notas foram tomando uns tons ligeiros, fortes, precipitados, crescendo atroadoramente, até que, unidos os bicos dos cantores, estrugiram, enchendo os ares de fagulhas sonoras, com a imponência admirável das catadupas de cristais partindo-se...

E aquele canto seduziu-a de modo estranho; entendeu-o como se fosse aquela a linguagem de que carecia; entendeu-o tanto, que quando sentiu o breve choque dos bicos dos pássaros que se beijavam, muito corada, a face afogada no banho ondeante dos cabelos, ruborizada e ansiosa, sentindo gemer os seios palpitantes, trêmula, de uma agitação violenta, começando a compreender o seu mistério, que lhe aparecia como um aurora envolta em brumas de manhãs, deixou pender a cabeça e não pode conter o pranto, um pranto voluptuoso e forte de menina que se conhece moça e ouve a carne e sente o rubor...

Machado de Assis *

Machado de Assis sintetiza completa e admiravelmente o nosso grau de cultura mental. Ele é o chefe superior e incontestado da nossa literatura. Direi mais: ele parece a expressão única da Literatura Brasileira, sob este aspecto, da nacionalidade – palmeira solitária, no meio do oásis!

Ninguém, como ele, afirmou, na obra literária, a sua individualidade e a nossa nacionalidade. Antes dele, contemporaneamente com ele, Gonçalves Dias e José de Alencar, de quem, aliás, ele mesmo dizia que encarnou como ninguém, a alma brasileira – falavam do Brasil, mas do Brasil que nós não conhecemos, de um Brasil pré-histórico, do Brasil dos selvagens romantizados e poetizados, que é, para nós outros, quase um Brasil de ficção. O seu campo de atividade foi a sociedade

* *In*: *Discursos fora da Câmara*.

em que vivemos. Não tinha imaginação, ou não se servia dela: falava como filósofo, como anotador, como crítico.

Assim, a sua ação é dupla: mental e social. Por outra: a sua atividade literária teve sempre reflexo na atividade social. Ele era um calmo, um retraído, um tímido e, não obstante, foi considerável e imensa a sua influência sobre as classes cultas da sociedade. De fato, basta percorrer as obras que deixou, para se sentir que nenhum fenômeno social se produziu, direta ou indiretamente, ativa ou passivamente, na crônica ou no romance; ativamente, pela propaganda esboçada nos seus personagens; passivamente, pela crítica irônica, que lhe era peculiar. Tinha um estilo seu, próprio, singular, único na nossa e quiçá em alheias línguas. Não sei se direi demais, dizendo que tinha, ou que fizera, uma língua nova, que novo ou pelo menos, inconfundível, era o português que tratava. Era um irônico, de uma ironia que não era, nem se parecia, com *l'esprit* dos franceses, nem com o *humour* dos ingleses; uma ironia que superava a de Sterne ou de Xavier de Maistre e dir-se-ia filha da de Anatole France, se não o houvera precedido. Original e único, era um filósofo, um comentador, um crítico e um analista – analista das coisas, dos homens, das almas e dos costumes, dos indivíduos e do meio, das paixões grandes e dos pequenos vícios. Não tinha o sarcasmo dissolvente, mas um doce e benévolo ceticismo. Era um anotador, comentando a situação, os costumes e as ideias, aplaudindo ou combatendo com bondade, sublinhando o risível com o sorriso. Tinha também as grandes paixões; mas revelava-as com uma inexcedível suavidade de forma.

Um Momento de Prazer*

Não sei de nada mais raro, não sei de outra coisa que tanto escasseie à mísera humanidade como isto que se chama um momento de prazer. Onde existe o prazer? Nos olhos da mulher amada, dizia-me ainda ontem um galanteador de ofício; a ventura consiste em vermos a própria fisionomia reproduzida numa retina negra, como na lâmina de um espelho.

Não sei se isso é verdade, porque nunca houve uma retina assaz despreocupada a se fixar sobre esse repugnante inseto, mas o que sei é que nada tem sido tão difícil para mim, como gozar um momento. Pois este pungir que me aflige hoje é a consequência de um momento de gozo. Saboreio-o com a voluptuosidade de um estoico, morrendo calmo, tranquilo, vivendo da própria morte! Pudesse eu, e a vida inteira viveria

---

* *In*: *Novidades*, 10 de julho de 1887.

assim; sepultando neste sofrimento dulcíssimo, padecendo este gozo, sofrendo esta delícia!

Crônica da Semana Santa*

Tréguas às maldades dos homens, suspendam-se as hostilidades cotidianas, termine a luta fratricida da humanidade! Estamos na quadra em que as criaturas se lembram de seu Deus e têm lágrimas de compaixão para aquele cordeiro de bondade que se deixou sacrificar por amor de nós todos. Andam enchendo o seio das raparigas românticas lágrimas de pesar profundo pelo perfil suavíssimo do Cristo, morrendo com uma resignação estoica no alto de sua cruz negra, e tendo palavras de perdão para a raça de fariseus que o sacrificavam.

É uma regeneração de costumes feita *ex abrupto*, à simples advertência da folhinha que assinala eloquente e silenciosamente a grande data do cruento sacrifício. Veremos desfilar religiosamente em uma orgia de lágrimas a turba dos fiéis que se não podem ter sem se irem prostrar diante da imagem do Senhor Morto cheia de engonços e com braços móveis. E quando do alto do púlpito o sacerdote,

---

* *In*: *Novidades*, 7 de abril de 1887.

influenciado pela fé que lhe inunda o peito, agitar sobre as cabeças curvadas dos fiéis o grande sudário que contém a verônica sagrada rebentará explosivamente o coro de lágrimas que afogarão os corações muito cheios de pesar, muito invadidos de gratidão.

O tipo romântico do Nazareno, passando através das multidões, revestido da grande calma dos deuses, pregando a sua suave doutrina de paz e de amor, e caminhando para o suplício com essa suprema e heroica abnegação com que morre pela humanidade, há de nos fazer a todos muito mesquinhos, muito baixos, muito cheios de torpezas! Por momentos sentirão todos a dureza resultante da aplicação consciencioso do *nosce te ipsum*, escrito no alto dos anfiteatros de Anatomia e o arrependimento assaltará os mais tímidos e a regeneração aparecerá aos mais audazes...

Depois virá o sábado. *Alleluhiah! Alleluhiah*! Hurra pela vida, com todas as suas baixezas, com todas as suas indignidades que lhe são inerentes e que constituem parte inseparável de seu modo de ser! Fora a época das lágrimas, fora a orgia de orações, abaixo o público convencional! Pasmarão todos de que se houvessem incomodado por tão pouco e a si mesmos, mais ingratos ainda que os fariseus, perguntarão por que carga d'água tiveram lágrimas a recordarem o sacrifício do Cristo, como se não fosse essa mesma a sorte de todos que se metem a Cristo!

Está benta a água da pia batismal, está feita a consagração da pedra d'ara!

Muito bem: demos provas de que somos bons católicos. Cristo ressuscitou; vamos aos regabofes deliciosos da Páscoa, aos belos jantares em família onde se pisam os pés os priminhos namorados, e onde se refestela com grandes ares patriarcais o *pater familiae*...

Deliciosa época, adorável quadra onde o profano se confunde com o sagrado, a hipocrisia com o sentimento em um amálgama inteiramente consolador e profundamente humano!...

A Felicidade*

A filosofia é árida; pensar enlouquece ou mata. Sejamos frívolos e não cogitemos nas coisas da terra, nem nos sentimentos do homem. Passar a vida a rir numa despreocupação absoluta, eis a felicidade. Saber ser nulo, eis o valor. Na vida, vencem os fortes; e os fortes são os que têm um gesto de desdém para todas as coisas e se abrigam dentro de

* *In*: *Novidades*, 26 de julho de 1887.

sua futilidade, como dentro de uma couraça. Poder ser de cera e tomar resignada e alegremente a forma que a necessidade nos imprime, é a maior virtude e a mais assombrosa qualidade que pode ter um vivente.

Reagir é aniquilar-se. Ter o cérebro constantemente trabalhando por uma preocupação abstrata ou material é ser idiota; ter essa preocupação sem um objetivo determinado, tê-la dentro e fora de nós, tê-la dominando-a a todas as horas e a todos os instantes, já não é ser idiota, é ser doido varrido.

O que mais desconsola e o que mais fere é que, apesar desta certeza, ninguém é assaz senhor de si, para prescrever do cérebro todo este arsenal de pensamentos e cogitações, que nos vão justificando o lugar no Hospício de Pedro II. Caminha-se para a loucura com a impassibilidade metálica do ferro caminhando para o imã. Não há revoltas, não há rebeliões: a fatalidade enche-nos o cérebro de teias de aranha, obscurece o raciocínio, suprime o juízo...

Assim amputados, a loucura oferece-nos a muleta a que nos apoiamos para chegar à cova. É tétrico, mas é verdadeiro. A vida deixa de ter risos; ninguém ri transitando pelas aleias de um cemitério, a menos que não seja um louco, ou um parvo. Ser parvo é a maior ventura da vida, porque para que se encontre gozo no tormento é necessário não ter consciência nem de uma nem de outra coisa.

A um suicida ouvi eu esta declaração, a mais rara e a mais sincera de quantos têm ido à morte: morro porque a vida me aterra; e aterra-me porque tenho consciência dela. Tu, velho beócio, que aí estás diante de mim com a parvoíce a escorrer pelos cantos dos lábios nesse sorriso gorduroso, tu tens vivido mais de meio século e viverás a eternidade sem sofrimentos, sem amarguras, sem desesperos.

Tu, réptil, és um homem feliz: e para chegarmos a esse resultado pasmoso não puseste em ação nem a tua atividade, nem a tua inteligência rudimentar, nem o teu trabalho, nem a tua vontade: nascestes parvo! Vês as coisas mais tristes, a mais alegre das coisas, e do desequilíbrio do teu cérebro tiras o equilíbrio do teu contentamento. Vives na morte e tens a mais tranquila das vidas.

Sonhas com ser papa e te contentas de ser o que és. A ambição é tão grande que se anula! Venturosa besta!

Não pensar, não sentir, portanto, não sofrer. Ser parvo, ou ser louco, eis a felicidade. Sejamos fúteis, riamos de tudo; e se não podemos sê-lo realmente, finjamos ao menos que o somos. Fingir também é uma qualidade que por ser muito difícil parece-nos defeito.

Vivamos a Dor*

Passam-se os dias, novos dias veem tédio no céu e na terra! Morremos e ressurgimos, sepultados dentro de nós mesmos, sem dores e sem lágrimas, sem alegrias e sem tristezas; é que a vida aí está e nós a olhamos estupidamente, boçalmente, como se tivéssemos olhos de vidro contemplando a natureza morta. Não vai nisso desconsolo, nem desespero; a compreensão exata de vida é esta: muito desdém e muito tédio.

A esta hora canta lá fora a luz caída em jorro e um canário saúda estrepitosamente e um sino bimbalha todas as sonoras alegrias do bronze.

Há, cortando a natureza, um sopro ardente de vida; e a gente fica entorpecido e morto, olhos semicerrados, a sonhar com o paraíso, cheio de árvores, repleto de sombra, povoado de deusas, pleno de prazeres. Não há o riso que é a hipocrisia do gozo; mas há a calma que é a sinceridade da satisfação.

E canta lá fora a luz caída em jorro e um canário a saúda estrepitosamente e um sino bimbalha todas as sonoras alegrias do bronze.

Entretanto ontem era a treva diluída que dominava a terra e o canário que ali está, saltitando, vivo, emplumando-se,

* *In*: *Novidades*, 4 de outubro de 1887.

recolhia-se empoleirado e tristonho e o sino que repica festivamente, dobrava funéreo e triste, chamando ao recolhimento do nada um cadáver enregelado.

Não há satisfação sincera, não há gozo que persiste: acostumemo-nos, pois, a esta sombria exigência da vida e vivamos como quem espera descuidado a infalível visita da morte. Sejamos cegos e surdos e que a vida passe como um monstrengo que é, miserável e estranha, cheia de risos e de prantos, de satisfação e de dores.

Por nós, fiquemos com a dor, a grande, a desejada dor! Cante embora lá fora a luz caída em jorro, saúde-a estrepitosamente um canário despreocupado, bimbalhe um sino todas as sonoras alegrias do bronze; nós cá ficamos vivendo deste morrer aos poucos, sem tristezas e sem alegrias, contentes apenas de sofrer a dor, a grande, a desejada dor!

*Tumulus**

Vamos, senhora, percorrer o Egito,
E visitar as múmias antiquadas...
Aqui tens, neste livro, bem descrito
Todo o viver das raças sepultadas.

Tens a religião e tens o rito
Dessas populações embalsamadas:
Verás a crença estranha e o estranho mito
Dessas vidas na morte conservadas.

Mas se te não agrada a digressão
Que te proponho, tens aqui meu peito,
E, dentro dele, tens meu coração...

Olha; e verás a grande sepultura
Onde num duradouro abraço estreito
Jaz meu Amor e minha Desventura!...

---

* *In*: *Autores e Livros*, 17 de janeiro de 1943.

Siva*

Na Índia existe egrégia divindade
Que os corações dos crentes apavora.
E, quando chega a festa, mal a aurora
Rompe, dourando os muros da cidade,

A turba-multa corre, e a piedade,
Da vingativa deusa embalde implora.
A deusa que de sangue e pó se enflora
Desconhece de todo a caridade.

De Siva o carro triunfal, passando,
Esmaga, dilacera e despedaça
Os corpos, que a seus pés se vão prostrando...

...Aqui tens o meu corpo. És a rainha,
És a Siva do amor! Sobre ele passa,
E mata-me, a teus pés, senhora minha!

---

* *In*: QUARESMA, Custódio. *Lira Popular*. Rio de Janeiro: Livraria do Povo, 1906.

Alcindo Guanabara jovem. Acervo ABL, s/d

Série Essencial

001 Oswaldo Cruz, *Moacyr Scliar*
002 Antônio Houaiss, *Afonso Arinos, filho | 1.ª ed., ABL, esgotado.*
003 Peregrino Júnior, *Arnaldo Niskier*
004 João do Rio, *Lêdo Ivo*
005 Gustavo Barroso, *Elvia Bezerra*
006 Rodolfo Garcia, *Maria Celeste Garcia*
007 Pedro Rabelo, *Ubiratan Machado*
008 Afonso Arinos de Melo Franco, *Afonso Arinos, filho*
009 Laurindo Rabelo, *Fábio Frohwein de Salles Moniz*
010 Artur Azevedo, *Sábato Magaldi*
011 Afonso Arinos, *Afonso Arinos, filho*
012 Cyro dos Anjos, *Sábato Magaldi*
013 Euclides da Cunha, *José Maurício Gomes de Almeida*
014 Alfredo Pujol, *Fabio de Sousa Coutinho*
015 João Cabral de Melo Neto, *Ivan Junqueira*
016 Ribeiro Couto, *Elvia Bezerra*
017 José do Patrocínio, *Cecilia Costa Junqueira*
018 Bernardo Élis, *Gilberto Mendonça Teles*
019 Teixeira de Melo, *Ubiratan Machado*
020 Humberto de Campos, *Benicio Medeiros*
021 Gonçalves Dias, *Ferreira Gullar*
022 Raimundo Correia, *Augusto Sérgio Bastos*
023 Rachel de Queiroz, *José Murilo de Carvalho*
024 Alberto de Oliveira, *Sânzio de Azevedo*
025 Álvares de Azevedo, *Marlene de Castro Correia*
026 Alberto de Faria, *Ida Vicenzia*
027 Machado de Assis, *Alfredo Bosi*

028 Álvaro Moreyra, *Mario Moreyra*
029 Austregésilo de Athayde, *Laura Sandroni*
030 Antônio José da Silva, *Paulo Roberto Pereira*
031 Afrânio Coutinho, *Eduardo Coutinho*
032 Sergio Corrêa da Costa, *Edla van Steen*
033 Josué Montello, *Cláudio Murilo Leal*
034 Mário Cochrane de Alencar, *Flávia Amparo*
035 Alcântara Machado, *Marcos Santarrita*
036 Domício da Gama, *Ronaldo Costa Fernandes*
037 Gregório de Matos, *Adriano Espínola*
038 Magalhães de Azeredo, *Haron Jacob Gamal*
039 Visconde de Taunay, *Mary del Priore*
040 Graça Aranha, *Miguel Sanches Neto*
041 Luiz Edmundo, *Maria Inez Turazzi*
042 Coelho Neto, *Ubiratan Machado*
043 Lafayette Rodrigues Pereira, *Fabio de Sousa Coutinho*
044 Júlio Ribeiro, *Gilberto Araújo*
045 Castro Alves, *Alexei Bueno*
046 Vianna Moog, *Luis Augusto Fischer*
047 Augusto de Lima, *Paulo Franchetti*
048 Celso Cunha, *Cilene da Cunha Pereira*
049 Antonio Callado, *Ana Arruda Callado*
050 Goulart de Andrade, *Sânzio de Azevedo*
051 Araripe Júnior, *Luiz Roberto Cairo*
052 Matias Aires, *Rodrigo Petronio*
053 Pardal Mallet, *André Seffrin*
054 Teófilo Dias, *Wellington de Almeida Santos*
055 Félix Pacheco, *Marcos Santarrita*
056 Tomás Antônio Gonzaga, *Adelto Gonçalves*

057 Gonçalves de Magalhães, *Roberto Acízelo de Souza*
058 Luís Murat, *Flávia Amparo*
059 Olegário Mariano, *Pedro Marques*
060 Otto Lara Resende, *Cláudio Murilo Leal*
061 Raul Pompeia, *Ivan Teixeira*
062 Rui Barbosa, *Murilo Melo Filho*
063 Sílvio Romero, *José Luís Jobim*
064 Vicente de Carvalho, *Ida Vicenzia*
065 Alcindo Guanabara, *Ubiratan Machado*

IMPRENSA OFICIAL DO ESTADO DE SÃO PAULO

Coordenação Editorial: *Cecília Scharlach*
Assistência Editorial: *Ariadne Martins*
Editoração Eletrônica: *Fernanda Buccelli*
Editoração, CTP, Impressão e Acabamento: *Imprensa Oficial do Estado de São Paulo*

Proibida a reprodução total ou parcial sem a autorização prévia dos editores

Direitos reservados e protegidos
(lei nº 9.610, de 19.02.1998)

Foi feito o depósito legal na Biblioteca Nacional
(lei nº 10.994, de 14.12.2004)

Impresso no Brasil 2013

Formato: *13 x 18,5 cm*
Tipologia: *Caslon*
Papel Capa: *Cartão Triplex 250 g/m²*
Miolo: *Pólen Soft 80 g/m²*
Número de páginas: *68*
Tiragem: *2000*

Rua da Mooca, 1.921 Mooca
03103 902 São Paulo SP
sac 0800 01234 01
www.imprensaoficial.com.br

GOVERNO DO ESTADO DE SÃO PAULO

Governador: *Geraldo Alckmin*

Secretário Chefe da Casa Civil: *Edson Aparecido*

IMPRENSA OFICIAL DO ESTADO DE SÃO PAULO

Diretor-presidente: *Marcos Antonio Monteiro*

CONSELHO EDITORIAL

Presidente: *Carlos Roberto de Abreu Sodré*

MEMBROS

Cecília Scharlach

Eliana Sá

Isabel Maria Macedo Alexandre

Lígia Fonseca Ferreira

Samuel Titan Jr.